T0244567

HARUHIKO SHIRATORI

PARA UNA MENTE LIBRE

Lecciones de un maestro japonés
para alcanzar un pensamiento sereno

Duomo ediciones
Barcelona, 2017

Título original: *Atama Ga Yokunaru Shikouzyutsu*
de Haruhiko Shiratori

© 2005 de Shiratori Haruhiko
Edición original en japonés publicada por Discover 21, Inc., (Tokio, Japón)
Publicado por acuerdo con Discover 21, Inc.
© 2017, de la traducción: Maribel Campmany
© 2017, de esta edición: por Antonio Vallardi Editore S.u.r.l., Milán

Primera edición: abril de 2017

Duomo ediciones es un sello de Antonio Vallardi Editore S.u.r.l.
Av. del Príncep d'Astúries, 20, 3.º B. Barcelona, 08012 (España)
www.duomoediciones.com

Gruppo Editoriale Mauri Spagnol S.p.A.
www.maurispagnol.it

ISBN: 978-84-16634-37-8
Código IBIC: DN
DL B 2014-2017

Composición:
Grafime

Impresión:
Grafica Veneta S.p.A. di Trebaseleghe (PD)

Impreso en Italia

Índice

INTRODUCCIÓN   9

CAPÍTULO 1
UNA MENTE CAPAZ DE OFRECER RESPUESTAS   13

  1. Poned por escrito vuestros pensamientos,
      después reflexionad   15

  2. Descubrid el significado exacto de las palabras   17

  3. Intentad comprender el verdadero significado
      de las palabras   19

  4. Aprended a juzgar vuestras ideas   21

  5. Dejad a un lado emociones y preferencias
      personales   23

  6. Tened presente que las respuestas varían
      de una persona a otra   24

  7. Pensad mientras os movéis   26

  8. Dejad de calcular las ventajas y los inconvenientes   27

  9. Sed conscientes de las limitaciones de vuestra
      perspectiva   28

10. Dejad hacer al cerebro   30

11. Si no entendéis algo, no os avergoncéis y pedid
      explicaciones   32

12. Expresad vuestro pensamiento de manera franca
      y directa   34

13. Pensad con humanidad   36

14. Ampliad vuestro saber   38

15. Unid vuestros conocimientos   40

16. Pensad por vosotros mismos   42

CAPÍTULO 2
UNA MENTE QUE NO DUDA   45

17. No os preocupéis del juicio de los demás   47
18. No dejéis que las palabras os lleven a engaño   49
19. Sed conscientes de que la ansiedad es negativa   51
20. No os preguntéis si tenéis talento   53
21. No os quejéis por todo   55
22. Intentad observaros desde otro punto de vista   57
23. Pensad con el corazón   58
24. Miraos desde arriba   60
25. No busquéis recompensas ni beneficios
materiales   62
26. Valorad lo que afecte a vuestro corazón   64
27. Aceptad positivamente las dudas y los momentos
de estancamiento   66
28. Confiad en la mano de la casualidad   68
29. Buscad la sabiduría en las obras clásicas   70
30. No os baséis en conocimientos fragmentarios   72
31. No creáis a pies juntillas eso que llaman verdad   74

CAPÍTULO 3
UNA MENTE QUE APRECIA LA VIDA   75

32. Cambiad la forma de vuestra mente   77
33. De vosotros depende escoger con qué colores
pintar vuestra vida   78
34. Aprovechad las enseñanzas que entrañan las
dificultades   80
35. Haced que vuestro trabajo sea divertido   82
36. Realizad con esmero las tareas cotidianas   84
37. Poned energía en vuestro trabajo   86
38. Sed amables   88
39. Aceptad los grandes misterios por lo que son   90
40. Distanciaos de los deseos ilimitados   92

41. No busquéis la felicidad, sino la satisfacción   94
42. Haced lo que deseéis   96

CAPÍTULO 4
UNA MENTE LIBRE   97
43. Tomaos «momentos de reposo absoluto»   99
44. Regalad momentos de reposo a vuestro cerebro   101
45. No os emborrachéis de emociones   103
46. No malinterpretéis vuestros propios
sentimientos   105

CAPÍTULO 5
UNA MENTE CONSTRUCTIVA   107
47. Dudad de las obviedades   109
48. Llevad vuestra mente al éxito   111
49. Liberad la acción y despertad la creatividad   113
50. Sacad provecho del tiempo que dedicáis
a la creatividad   115
51. Haced que vuestro tiempo sea rico y profundo   118
52. Ampliad vuestro saber para renovaros   120
53. Superad vuestra estrechez de miras   121
54. Participad en animados intercambios de opiniones   123
55. No huyáis de aquello cuyo significado
no comprendéis   125

Introducción

Todos nosotros solemos utilizar la palabra «pensar», pero este término encierra en sí mismo una pluralidad de significados. En contextos diferentes puede llegar a asumir incluso seis acepciones distintas. Puede significar:

- Pensar en interés propio: es decir, valorar qué medios y estrategias, si se aplican correctamente, pueden beneficiarnos. Podemos, por ejemplo, pensar en lo que puede conducirnos a la victoria en un encuentro deportivo, pero también, más en general, podemos reflexionar y elegir actuar de una determinada manera con el fin de obtener el máximo en una situación determinada.
- Valorar una situación basándonos en nuestras propias experiencias: consiste en imaginar qué podría suceder en un futuro inmediato, basándonos en lo que ya hemos experimentado en nuestra vida. En este caso, nuestro carácter, nuestra personalidad y nuestro bagaje cultural influirán en la decisión que tomemos.
- Reflexionar sobre nuestros sentimientos: nos comportamos así cuando en la base de nuestras reflexiones hay una mezcla de emociones, como rabia, inseguridad y sufrimiento. Es una manera de pensar que nace de las obsesiones y la ansiedad de quien, por su carácter, se atormenta continuamente.
- Pensar según lo que hemos aprendido teóricamente: es decir, llegar a determinadas consideraciones a par-

tir de lo que hemos asimilado en nuestros estudios o en nuestras lecturas. Pensamos de este modo también cuando, en el ámbito laboral, comprendemos el significado de algunos datos e informaciones y aplicamos lo que hemos aprendido teóricamente a la vida cotidiana.

- Reflexionar para quedarnos con lo esencial: consiste en extraer la esencia de determinadas cuestiones y concentrarnos en los aspectos más importantes, más básicos, concretamente. Se trata de un pensamiento de tipo filosófico-científico.
- Pensar según un proceso lógico: es una aproximación basada en categorías lógico-matemáticas que no tiene en cuenta la realidad de las relaciones humanas y los componentes subjetivos de determinadas situaciones.

Sin embargo, en el día a día, no nos limitamos a «pensar» de una sola manera; de hecho, a cada situación no le corresponde únicamente un solo enfoque. Cuando afrontamos un problema, generalmente ponemos en juego dos o tres modos de pensar.

Pero ¿qué otros significados encierra en sí misma la palabra «pensamiento»? Es importante conocer cuáles son las diversas maneras de pensar. Así podremos comprender con claridad con qué tipo de pensamiento nuestros interlocutores y nosotros mismos afrontamos cierta situación y, por consiguiente, sabremos analizarla mejor.

En este libro proporcionaré sugerencias útiles y prácticas para lograr un pensamiento claro y poderoso. No sólo presentaré mi pensamiento personal, ya que para mí pensar significa inspirarme en las obras clásicas de las tradiciones orientales y occidentales, así como en los textos filosóficos y literarios, y formar con ellos la base de una serie de pautas de reflexión.

Lo cierto es que no es en absoluto acertado creer que nuestra manera de pensar es la adecuada. Por eso nos comparamos con los demás, leemos libros, afrontamos los problemas que la vida nos plantea y procedemos mediante tentativas para intentar encontrar en cada ocasión la mejor solución. Este libro pretende ser una ayuda para el lector precisamente para esto. Y cuando terminéis la lectura os daréis cuenta de que vuestro pensamiento será mucho más claro y poderoso.

Haruhiko Shiratori

Capítulo 1

UNA MENTE CAPAZ DE OFRECER RESPUESTAS

-1-

Poned por escrito vuestros pensamientos, después reflexionad

Cuántas veces he oído decir: «¡Le doy vueltas y más vueltas y no logro entenderlo!».

Y también: «Sigo buscando una explicación, pero... ¡Nada! ¡Nada de nada!».

En realidad, cuando alguien habla así, no está reflexionando.

¿De qué nos servimos cuando tenemos que resolver un cálculo especialmente complicado? Normalmente cogemos lápiz y papel o una calculadora. De hecho, no siempre se pueden hacer cálculos exactos mentalmente. Pensar es un procedimiento parecido y requiere una serie de instrumentos que nos permitan desarrollarlo con orden.

¿Qué instrumentos necesitamos para pensar? Las palabras. El ser humano es capaz de reflexionar de manera apropiada sólo si se apoya en el lenguaje.

Pensar de manera confusa y vaga equivale a no pensar. En realidad, los pensamientos vagos y confusos no son más que una serie de representaciones fantasiosas y de imágenes de nuestra mente.

Sólo cuando empleamos las palabras podemos considerar que somos capaces de pensar en el verdadero y más pleno sentido del término.

Pero ¿cómo se hace? El método es sencillo: utilizando las palabras; no hay otro sistema. En la práctica, se trata de poner por escrito nuestros propios pensamientos y a continuación reflexionar sobre ellos.

¿Qué ocurre cuando hacemos esto? Algo extraordinario.

Lo que hasta ayer nos parecía fuera de nuestro alcance, hoy lo comprendemos y lo hacemos nuestro. Aquello por lo que hasta ahora buscábamos en vano una solución se resuelve de manera natural.

Éste es el fruto de lo que defino como «pensar a través de las palabras».

-2-
Descubrid el significado exacto de las palabras

Pongamos por caso que un joven no conoce el término «comer». En su lugar deberá expresarse de otra manera, diciendo por ejemplo: «hacer pasar los alimentos a través de la garganta».

Conozco a varias personas jóvenes que ignoran el significado de verbos como «titubear» y «tergiversar». Por tanto, no tienen más remedio que emplear otras expresiones.

Y no sólo eso: alguien que no tenga ni idea de lo que significa «titubeante» y no comprenda el estado psicológico concreto de una persona titubeante ante alguna situación se encuentra ante un obstáculo, una barrera que impide la comprensión recíproca.

Por lo general, ridiculizamos un poco a los jóvenes que no conocen determinado léxico y que tienen un reducido dominio del lenguaje, pensamos que no han estudiado o que no leen demasiado, pero tampoco nosotros podemos considerarnos verdaderos expertos, capaces de hacer gala de un conocimiento vasto y profundo de cualquier tipo de expresión verbal.

¿Conocéis el significado de las expresiones, muy parecidas entre sí, que detallo a continuación, y sois capaces de utilizarlas de manera correcta y en el contexto adecuado?

- Permanente, perpetuo.
- Anhelo, deseo.
- Amor, afecto.
- Pastor, cura.
- Edición especial, edición económica.
- Comida, víveres.
- Conocimiento, sabiduría.
- Orgánico, inorgánico.
- Parlamentario, diputado.
- Alumno, estudiante.
- Desesperarse, quejarse.
- Elegir, seleccionar.
- Peso, masa.
- Alma, espíritu.
- Recorrido, desplazamiento.
- Ideología, filosofía.
- Conmiseración, compasión.

Empleamos estas palabras en la vida cotidiana, pero, si no prestamos atención a los distintos matices de significado, nos arriesgamos a ser poco claros.

No conocer el significado exacto de las palabras equivale a no comprender con precisión lo que escuchamos y leemos, y a no expresarnos de manera correcta. Si ignoramos el significado de las palabras, no podremos comprender el mundo que nos rodea ni, aún menos, esperar comunicar a los demás nuestras ideas con eficacia.

La inexactitud genera imprecisiones, errores y vanas expectativas.

-3-
Intentad comprender el verdadero significado de las palabras

Actualmente todavía no soy capaz de leer el periódico por entero... Cuando leo un artículo me quedo con el sentido general, pero me es imposible comprender al instante todos los significados.

Por ejemplo, si me tropiezo con el nombre de una localidad de Japón, no comprendo en seguida en qué prefectura se encuentra y cuáles son las dimensiones del lugar. Por eso, para entenderlo, me veo obligado a abrir un mapa. Si el artículo, además, relaciona ese topónimo con un acontecimiento histórico, entonces se hace necesario consultar un mapa historiográfico y encuadrar la localidad en ese periodo histórico en concreto.

No se trata sólo de los periódicos, nos comportamos del mismo modo cuando escuchamos hablar a otras personas. Por lo general, nos limitamos a intentar entender el sentido general de lo que dice nuestro interlocutor, pero sin comprender al detalle sus palabras.

Dicho de otro modo, a pesar de nuestra intención de escuchar y comprender en líneas generales el punto de vista y la opinión de quien está hablando con nosotros, en realidad el significado de sus palabras puede resultarnos poco claro. En el caso de las revistas que tenemos en casa y que hojeamos en ratos libres, puede que no tenga importancia; pero, si se trata de cuestiones relevantes desde un punto de vista colectivo, una comprensión vaga del problema y de la información relacionada resulta decididamente inadecuada y, en algunos casos, ni siquiera podremos comprender las dimensiones reales del asunto.

La sociedad toma forma a partir de las palabras. Precisamente porque las palabras son el instrumento común a todos, que permite superar las diferencias individuales. Las palabras son poderosas. Si falta la comprensión de las palabras, acaba fallando la comprensión de nosotros mismos, de la sociedad, de la humanidad entera.

-4-
Aprended a juzgar vuestras ideas

Solemos juzgar las ideas y el punto de vista de los demás. Sería deseable que hiciéramos lo mismo con nuestras ideas y con nuestro punto de vista.

Si ponemos nuestras opiniones en el mismo plano que las de los demás, las analizamos y las juzgamos, conseguiremos desarrollar ideas mejores y más eficaces.

Examinar y juzgar nuestras ideas y convicciones no es divertido ni, mucho menos, fácil. En ocasiones es molesto y en según qué niveles también representa un peligro para nuestro orgullo. **A pesar de ello, debemos obligarnos a juzgar con severidad nuestras ideas. No se trata de darles un juicio positivo o negativo, sino de analizarlas con la mayor objetividad posible.**

Para llevar a cabo una reflexión crítica debemos plantearnos las siguientes cuestiones: ¿estoy pensando de manera eficaz? ¿O me estoy limitando a hacer una interpretación personal de la realidad? ¿Estoy reflexionando sólo en términos de las ventajas y los inconvenientes que me aporta? ¿O estoy atrapado en ideas preconcebidas? O, incluso, ¿me guío por los prejuicios? ¿Es una manera simplista de poner orden? Si nos planteamos estas preguntas, podremos afinar el alcance de nuestra idea inicial y, poco a poco, mejorarla.

Todo ello no es más que una aplicación práctica del proceso dialéctico que se desarrolló en siglos pasados y que todavía hoy no ha perdido su vigencia.

Si renunciamos a hacer este esfuerzo de relectura de lo que hemos procesado y, además, nos obstinamos en llevar adelante nuestras ideas de manera acrítica, cometemos un acto violento, y en algunos casos la violencia de la coacción del pensamiento lleva a la violencia física.

-5-
Dejad a un lado emociones y preferencias personales

Cuando pensamos, deberíamos, por un instante, dejar a un lado emociones y preferencias personales.

Muchas personas, sin embargo, consideran que pensar significa precisamente secundar tales sensaciones. Tal vez por eso muchos políticos basan su campaña electoral en una estrategia de imagen.

Podríamos pensar que preferencias y emociones personales son algo estable y definido; sin embargo, varían con extrema facilidad. Diversos factores, como la meteorología, nuestra forma física y el dinero del que disponemos, pueden influir en que nuestros gustos y nuestras emociones cambien de repente. **Basar los propios juicios en algo tan inestable como emociones y gustos personales es como confiar en el azar.** No podemos pensar que somos capaces de reflexionar seriamente si nos basamos en sentimientos que por su naturaleza son inestables. Cuando pensamos y juzgamos, debemos hacerlo con la mente fría. Además, dentro de lo posible, para acercarnos a un pensamiento correcto es mejor ir más allá de una mera valoración de las ventajas que obtenemos y de nuestros intereses personales.

-6-
Tened presente que las respuestas varían de una persona a otra

Es natural que frente a un problema exista una pluralidad de opiniones y enfoques distintos. Más que hablar de ideas distintas, diría que se trata de una variedad de situaciones en las que lo que difiere es la manera de mirar el núcleo del problema.

A la hora de afrontar un problema, por lo general las personas tienen en cuenta principalmente:

- el cálculo de ventajas e inconvenientes;
- la protección de la propia autoestima, es decir, la defensa de uno mismo;
- lo que se ha hecho con anterioridad;
- el respeto de tradiciones y costumbres;
- la valoración de las relaciones e intereses personales;
- lo que es justo y erróneo desde el punto de vista de la naturaleza humana.

En la realidad son muchas las circunstancias en las que el último de los puntos señalados es usado como excusa para camuflar los propios intereses.

Un punto de vista puramente ecuánime, que respetara a todos los seres vivos y que tuviera como principio fundamental el bien como categoría absoluta, sería ideal, pero es difícil de aplicar a causa de la parcialidad de la naturaleza individual. **Y es precisamente a causa de las carencias y la parcialidad de la naturaleza humana por lo que, de hecho, muchos problemas que afligen al planeta permanecen sin resolver. La irresolución es una característica humana; pero, si el hombre la afronta, se puede mejorar.**

-7-
Pensad mientras os movéis

Si bien es verdad que el lugar preferido para escribir es el estudio de nuestra casa, ¿cuál es el dedicado a la reflexión?

Cuando pensamos debemos poner en marcha el cerebro; pero, si nuestro cuerpo no se mueve y nosotros no percibimos estímulos, nuestra cabeza tampoco entrará en acción.

Cuando, por ejemplo, viajamos en transporte público o en coche, cuando nos metemos en la bañera o cuando caminamos, el cerebro en cierta medida entra en acción y es estimulado a reflexionar, a producir nuevos pensamientos. Ni siquiera los filósofos o los pensadores del pasado elaboraron nunca nada permaneciendo inmóviles.

-8-
Dejad de calcular las ventajas y los inconvenientes

Cuando, a la hora de evaluar un problema, sopesamos minuciosamente ventajas e inconvenientes, acabamos perdiendo de vista cuál es la manera correcta de actuar.

Si el ser humano toma la felicidad como el principio sobre el que basarse, entonces adopta decisiones adecuadas.

Naturalmente, por «felicidad» no entendemos lo que nos hace felices sólo a nosotros, sino lo que puede hacer felices a muchas personas.

-9-
Sed conscientes de las limitaciones de vuestra perspectiva

El ojo humano en ocasiones no ve más que su propio interés. Aunque haya muchas otras cuestiones en juego, no consigue concentrarse más que en su propia conveniencia.

De hecho, por su naturaleza, la mente humana no tiende a cambiar, procede siempre en línea recta por ese camino. Pero, si afrontamos los problemas valorando exclusivamente nuestro interés, sin examinarlos en su complejidad, acabaremos cometiendo muchos errores.

¿Qué debemos hacer entonces? No hay otra alternativa que esforzarnos en observar cada situación en su conjunto, desde todos los puntos de vista. Pero para nosotros eso es imposible. **Si tenemos muy presente esto, no nos queda otra opción que afrontar los problemas aun sabiendo que de todos modos no conseguiremos encuadrar la situación en su conjunto y evaluarla desde todos los puntos de vista.**

Se trata de una especie de humildad y de una manera de poner freno a la arrogancia. Por lo menos sería un toque de atención.

Porque no existe un solo problema que pueda resolverse únicamente desde nuestro punto de vista y sólo con nuestro enfoque.

Nuestra manera de interpretar la realidad siempre es parcial y no tiene en cuenta todos los aspectos del problema. Por eso, todo lo que acabo de decir tampoco puede ser considerado como una verdad absoluta. Así pues, ninguno de nosotros puede tener la arrogancia de decir como el doctor Fausto: «¡Detente, instante, eres tan hermoso!».

-10-
Dejad hacer al cerebro

Cuando algo parece difícil, o no lo comprendemos, antes que nada empezamos simplemente a observarlo.

Cuando me encuentro frente a un libro de difícil comprensión, lo primero que hago es observarlo.

¿A qué me refiero cuando digo «observarlo»? No, no me refiero a examinar la portada con el libro cerrado. Lo abro, ojeo algunas páginas y, mientras pico algo de comer, intento leer unas líneas aquí y allá.

Al hacerlo sucede algo increíble: el tiempo pasa y empiezo a tener una vaga sensación de comprensión, repito la operación y, sin saber cómo, resulta que he leído el libro entero y he identificado con claridad los puntos fundamentales.

El cerebro humano no es una máquina, y por eso es capaz de ponerse en marcha incluso sin que nosotros conectemos el interruptor. Hasta cuando observo un libro cómodamente sentado en el sofá tomándome un café, mi cerebro piensa con autonomía e intenta comprender lo que tiene delante.

La misma situación se presenta cuando nos relacionamos con otras personas: lo primero que hacemos es observar el rostro, la voz, la ropa, e intentamos conjeturar qué tipo de persona tenemos en frente. Luego, poco a poco, podemos intercambiar algunas palabras y, a partir de las respuestas y los argumentos de nuestro interlocutor, empezamos a descubrir también su lado interior.

Después pasamos a conversaciones más profundas y así sucesivamente... De este modo aprendemos a conocer a otras personas. También en este caso el cerebro se activa y trabaja de manera automática. Nos preguntamos: «¿Qué tipo de persona será?», y seguimos interrogándonos hasta que nos hacemos una idea de quién tenemos delante.

Naturalmente, este modo de dejar funcionar al cerebro de manera autónoma no sólo es válido para aproximarse a los libros difíciles: cuando tengáis que afrontar un problema molesto, intentad dentro de lo posible no escapar y dejad a vuestro cerebro libre de pensar autónomamente.

-11-
Si no entendéis algo, no os avergoncéis y pedid explicaciones

Cuando no entendemos los motivos de algo, nos genera una sensación extraña o nos plantea dudas, es natural preguntar a los demás: «¿Por qué? ¿Cómo es posible?». Y la persona a la que dirigimos nuestras preguntas debería contestarnos ayudándonos a esclarecer los motivos de una determinada circunstancia.

Pero ¿qué ocurre en realidad? Si en el lugar de trabajo no paramos de preguntar: «¿Por qué?», nos consideran personas molestas y pesadas. Nuestros superiores esperan que desempeñemos en silencio las labores que nos han asignado, obedeciendo y siguiendo unas directrices.

Pero cuando no comprendemos los motivos de determinada circunstancia, nos asalta la ansiedad y se abre paso en nuestro interior ese sentimiento de humillación que nos hace sentir como simples engranajes de una máquina. Si, por el contrario, nos abandonamos a una especie de rebelión y nos decimos que sólo son órdenes que vienen de arriba, acabamos por sentirnos irresponsables.

También en la vida diaria son muchos los casos en que, si preguntamos por qué, no obtenemos respuesta, o bien recibimos una respuesta incierta. Esto sucede porque, para muchas preguntas, en realidad no existen respuestas adecuadas, y oímos decir: «Es así», «Es la tradición», «Todo el mundo lo hace».

Pero, cuando no entendemos el motivo de algo, es como si nos moviéramos hacia un futuro que se parece a una caja negra de la que ignoramos el funcionamiento. En la familia, al igual que en la sociedad, hay tantas cajas negras de distintos tamaños que hacen de lo cotidiano algo desagradablemente inquietante.

Viví siete años en Alemania, y cuando me preguntan por las diferencias entre Alemania y Japón contesto que los alemanes, niños y adultos, preguntan a menudo el porqué de las cosas, mientras que es muy raro que los japoneses pidan explicaciones, y cuando esto ocurre, no es visto con buenos ojos.

Quien elude las preguntas espontáneas de los demás no favorece en absoluto el crecimiento cultural. **Si cada uno de nosotros contestara lo más sinceramente posible, el clima espiritual se beneficiaría.** Es una mejora silenciosa y concreta que cada uno de nosotros puede fomentar.

-12-
Expresad vuestro pensamiento de manera franca y directa

El término «franqueza» indica una actitud que conlleva claridad, expresarse sin ambigüedades y renunciar a compromisos diplomáticos o tácticos.

Últimamente me encuentro cada vez con menos personas que respondan a estas características; posiblemente porque en la sociedad actual existe la tendencia a pensar de manera estratégica y a sopesar ventajas e inconvenientes. Cuando, en cambio, nos dirigimos al otro con franqueza, sea quien sea, y adoptamos la actitud abierta de alguien que no esconde nada, obtenemos una comprensión recíproca.

Si, como dice la vieja expresión, «abrimos las puertas del corazón» y, en cualquier situación, expresamos de manera franca y clara lo que pensamos, sin duda lograremos reducir notablemente los recelos y las inútiles preocupaciones que a veces surgen en nosotros delante de otra persona. Esta actitud es uno de los instrumentos que tenemos a disposición para que lo que parece vago y oscuro se vuelva claro y comprensible.

Cuando tenemos alguna duda, basta con pedir explicaciones amablemente y, cuando alguien nos hace una pregunta, sólo hay que contestar sin omitir nada. Haciéndolo así, comprenderemos con claridad a la persona que tenemos delante, ahuyentaremos las

paranoias y encontraremos una solución al problema, evitando atormentarnos inútilmente.

¿Qué nos impide actuar siempre de este modo? Nos avergonzamos, aparentamos seguridad para no parecer vulnerables, somos presa de la arrogancia que nos empuja a querer ser siempre mejores que los que tenemos en frente, a menudo ofrecemos una imagen de nosotros que no se corresponde con la realidad y, encima, nos enorgullecemos por tonterías.

No digo que el orgullo sea en sí mismo algo negativo; de hecho, es necesario. Pero es importante que no represente un obstáculo para la comprensión del mundo y de las personas que nos rodean.

-13-
Pensad con humanidad

Un día, el propietario de un viñedo se levantó temprano por la mañana, fue a buscar a cuatro personas sin trabajo y les hizo la siguiente propuesta:

—Si trabajáis hasta la noche en mi viñedo, os pagaré veinte mil yenes [unos ciento cincuenta euros, N. del. T.].

Los cuatro hombres aceptaron y en seguida se pusieron a trabajar.

El mismo día, al final de la tarde, el propietario encontró a otro hombre sin trabajo y le hizo la misma propuesta:

—Si trabajas hasta la noche en mi viñedo, te pagaré veinte mil yenes.

También este hombre aceptó y echó una mano en la vendimia.

Al anochecer, el propietario reunió a los cinco hombres y les pagó lo que había acordado. Pero los cuatro trabajadores reclutados por la mañana expresaron su descontento:

—Nosotros hemos trabajado incesantemente desde esta mañana temprano. Él, en cambio, sólo a partir del final de la tarde. No nos parece justo que reciba nuestra misma paga.

Entonces el propietario contestó:

—¿Acaso no os he contratado para que trabajaseis por esta cantidad hasta el anochecer? Entonces ¿por qué os enfadáis por mi generosidad?

Tanto desde el punto de vista matemático como desde el económico, el propietario no fue justo con los cuatro hombres. Es natural preguntarse por qué dio la misma cantidad al quinto hombre si había trabajado menos que los demás: ¿acaso el propietario consideró que el trabajo realizado por el hombre que contrató por la tarde era tan importante como el que habían realizado los hombres reclutados por la mañana?

En realidad no es ésta la pregunta que debemos plantearnos. Tal vez debamos reflexionar sobre el hecho de que el quinto hombre tiene las mismas necesidades que los cuatro primeros.

Debe dar de comer a su mujer y a sus hijos, asegurarles la comida de hoy y de mañana, comprar los bienes necesarios para el sustento, y para ello le hace falta tener cierta disponibilidad económica.

El hombre que, involuntariamente, se encuentra trabajando por un tiempo menor respecto a los demás necesita de todos modos la misma suma de dinero para sobrevivir. Para vivir, todos nosotros necesitamos medios. Y este propietario del viñedo lo sabía perfectamente.

Así pues, el propietario pensó con humanidad. **Una retribución proporcionada a las horas de trabajo realizadas es correcta desde un punto de vista matemático, pero convierte a las personas en máquinas: no es una manera adecuada de pensar en la gente que vive la realidad del día a día.**

-14-
Ampliad vuestro saber

El saber, el conocimiento, la cultura son importantes para tener una mente libre. La cultura pone el cerebro en movimiento. Por cultura no me refiero a la memorización de conocimientos. Evidentemente, asimilar mucha información de memoria aumenta la capacidad cerebral; pero, si no creamos vínculos entre las nociones que hemos aprendido —como datos y terminología—, de esos conocimientos queda bien poco.

El conocimiento nace del interés por saber algo: cuanto más interés y deseo tenemos de saber algo, más profundizamos en su conocimiento. De esa manera, siguiendo el hilo de nuestros intereses, asimilaremos nuevos conocimientos sin necesidad de aprender nada de memoria, ya que los nuevos conceptos quedarán grabados en nuestra mente sin esfuerzo. Si no fuéramos capaces de memorizar algo que vemos por primera vez, nos perderíamos gran parte de los conocimientos. Porque los conocimientos son muchos y la vida humana es breve.

La sabiduría es la capacidad de combinar varios conocimientos entre sí. Es precisamente ésta, de hecho, la naturaleza del conocimiento. Como los elementos de una fórmula química, los saberes se combinan entre sí para dar vida a la sabiduría.

De todo lo dicho hasta ahora se desprende que la sabiduría nace de un vasto conocimiento. Hay que preguntarse entonces por qué los expertos de un determinado sector muy a menudo tienen, entre sí, opiniones contrapuestas sobre algunos temas.

Esto ocurre porque conocimiento y sabiduría están en cualquier caso impregnados de subjetividad; se basan en experiencias, gustos y preferencias personales, y, no menos importante, no pueden prescindir del carácter de las personas. A igualdad de ingredientes, el gusto de un plato cambia según el chef que lo ha cocinado, y lo mismo ocurre con el saber.

-15-
Unid vuestros conocimientos

En alemán existen varios modos de expresar el verbo «conocer», entre ellos *Kennen* y *Wissen*. El primero se usa en el caso de que se conozca algo de manera superficial; el segundo se emplea en el caso de un conocimiento profundo.

Cuando se habla de conocidos, se utiliza *Kennen*; en cambio, para hablar de aquello de lo que se ocupan expertos y especialistas, se usa *Wissen*. Para el conocimiento de algo que se obtiene de la experiencia personal, también se usa *Wissen*.

¿Y en el caso de un experto en vinos? ¿Se usa *Kennen* o *Wissen*? Dado que el experto en vinos tiene un vasto conocimiento, podría pensarse en utilizar *Wissen*, pero, en cambio, se usa *Kennen*. Esto sucede porque se trata de un saber que se desarrolla en horizontal, por extensión y no por profundidad.

Podríamos hablar, pues, de dos tipos de conocimiento: son muchas las realidades que conocemos de manera superficial, pero pocas las que dominamos de manera profunda; estas últimas se refieren a la esfera de nuestros mayores intereses.

Y no sólo es aplicable a nosotros, sino también a los demás. Si, en este punto, uniésemos todos nuestros conocimientos más profundos, ¿qué conseguiríamos? Tendríamos un valioso y poderoso instrumento al servicio de una sociedad de especialistas.

También por este motivo es fundamental saber discernir qué es importante conocer y profundizar. En el caso de ampliar, con la lectura de numerosos textos, los campos del saber que hemos decidido profundizar, sin asumir opiniones simplistas, se trata de un conocimiento *Wissen*.

-16-
Pensad por vosotros mismos

No importa por qué materia nos interesemos o en qué contexto esto suceda: las personas aprenden algo sólo cuando piensan por sí mismas y adaptan, con sus palabras, la información adquirida. No estamos, pues, en disposición de comprender inmediatamente todo lo que estudiamos o que nos enseñan: éste es el límite de la educación formal. Aun sabiendo cómo se monta en bicicleta, por ejemplo, si no llevamos a cabo una experiencia práctica, nunca aprenderemos a montar. Para nuestro cerebro es lo mismo: si no adaptamos lo que nos ha sido enseñado, nunca podremos decir que lo hemos comprendido.

El conocimiento y la sabiduría no derivan de una acumulación de nociones, datos e informaciones; no son algo ajeno a nosotros, como una enciclopedia colocada en una librería. Es gracias a nuestro pensamiento que conocimiento y sabiduría existen, precisamente porque viven en nosotros. Por eso es necesario examinar y adaptar lo que aprendemos.

Ya sea como pasatiempo o por nuestros estudios, cuando aprendamos algo no dejemos que otra persona lleve a nuestra boca sus palabras. Si no adaptamos lo que estudiamos, es como si hojeáramos un libro sin leerlo.

Por tanto, lo importante no es saber cuál es el método para liberar nuestra mente. Lo esencial es razonar con nuestra cabeza. Fijaos en Einstein, por ejemplo: mientras trabajaba en la oficina de patentes, pensando con su cabeza, elaboró la teoría de la relatividad.

Repasar a solas todo lo que sabemos podría suponer un esfuerzo. Si lo vemos como una obligación —parecida a esas asignaturas que nos hemos visto obligados a estudiar, pero que no nos gustaban—, seguramente será más duro. Pero, si ponemos un poco de amor, no resultará tan difícil. **Si no sintiéramos amor por los seres vivos y por la misteriosa existencia del mundo, no podríamos amarnos a nosotros mismos ni a las demás personas.** Y el conocimiento es una forma de amor: por eso, cuando nos gusta alguien, queremos saberlo todo de él o de ella. Y conocer mejor el mundo equivale a amarlo.

Capítulo 2

UNA MENTE QUE NO DUDA

-17-
No os preocupéis del juicio de los demás

Mucha gente se preocupa del juicio de los demás, y de este modo adaptan sus propios pensamientos, sus propias opiniones y su propia actitud a los de los demás.

Pero se comportan así sin tener en cuenta cuál es la verdadera naturaleza de esa resolución, convencidos de que corresponde a lo que imaginan que los demás piensan de ellos.

En definitiva, pues, lo que creemos que piensan los demás de nosotros es, en realidad, nuestra proyección, una especie de fantasma alimentado por nuestros miedos. Y, de este modo, como nos convencemos de que simples suposiciones se corresponden con la verdad, damos vida a fantasías y obsesiones. Del mismo modo, alimentar ideas preconcebidas como: «¡Soy el número uno!» o «Los demás son unos monstruos» nos hace enfermar a nivel nervioso y psicológico, hasta que tales ideas se convierten en obsesiones. No obstante, es difícil darse cuenta de ello y, en consecuencia, raramente tratamos estos comportamientos con un enfoque psicológico.

En cualquier caso, además, incluso cuando nos parece haber comprendido el juicio de los otros con claridad, en realidad no tenemos más que una visión parcial, ya que nadie confiesa totalmente lo que piensa.

Así que, si no es posible conocer lo que los demás piensan, basar nuestro comportamiento en el juicio ajeno acaba siendo un esfuerzo inútil. Y, naturalmente, si pensamos y actuamos basándonos en lo que creemos que es el juicio que los demás tienen sobre nosotros, nuestros pensamientos y comportamientos también serán absurdos e insensatos. Precisamente porque no podemos conocer claramente lo que los demás piensan de nosotros, acabaremos sintiéndonos frustrados y seguiremos atormentándonos.

Para vivir bien no deberíamos preocuparnos por la opinión que los demás tienen de nosotros, sino que deberíamos preguntarnos si el objeto de nuestras obsesiones es real.

-18-
No dejéis que las palabras os lleven a engaño

Pongamos por caso que nos encontramos frente a dos cuadros que representan un arcoíris. El primero muestra un arcoíris de siete colores bien diferenciados entre sí, mientras que el arcoíris del segundo tiene sólo tres colores no claramente distinguibles.

En realidad, el que estimulará de manera más activa nuestro cerebro es el segundo, el de tres colores, porque se acerca más a la imagen real de un arcoíris. A simple vista, de hecho, no somos capaces de percibir los siete colores. Sabemos que el arcoíris tiene siete colores porque los estudiosos se han basado en ciertas herramientas para determinarlo y nosotros hemos asumido este descubrimiento como un hecho.

El ser humano tiene el defecto de obcecarse con lo que ya sabe y suele ver las cosas distorsionadas, porque interpreta lo que ve a la luz del conocimiento que posee. Pero, si el conocimiento que tiene es superficial, acabará engañándose, creyendo ver algo que en realidad no existe.

Las expresiones lingüísticas también contribuyen notablemente a crear ideas preconcebidas. Tomemos, por ejemplo, la palabra «judío»: si escribo esta palabra, pensaréis en seguida que me refiero a la «raza judía». En realidad sólo se llama así a quien es de confesión judía, porque no existe la raza judía desde un punto de vista biológico.

La palabra «destino» también es una ilusión para la humanidad. Se considera que el destino es algo inevitable, preestablecido, pero es sólo otro modo de interpretar algunos acontecimientos de cierta relevancia. Mucha gente, sin embargo, está convencida de que el destino es una especie de corriente invisible que determina el devenir de la vida; también hay individuos que abusan de esta ilusión y se hacen pasar por maestros adivinos, e incluso ganar dinero con ello.

De aquí se desprende que las palabras no siempre se refieren a algo que existe realmente, así como no es posible expresar con palabras, de manera exhaustiva, cada realidad. Esto es un hecho y todos deberíamos saberlo.

De todos modos, a menudo nos dejamos embaucar por las palabras y nos convencemos de que ciertas cosas existen realmente. Es como si delante de los ojos tuviéramos un fantasma, en vez de los hechos. Y no son pocas las personas que se fijan en estos fantasmas en vez de comprender realidades profundas e importantes, como en el caso del amor, por ejemplo. Decir «Te quiero» no significa amar a alguien: muy a menudo confundimos el amor con el deseo y con la obsesión, con lo que damos pie, como los antiguos griegos nos enseñaron, a enajenaciones y tragedias sin fin.

-19-
Sed conscientes de que la ansiedad es negativa

A veces decimos que estamos «preocupados», pero sólo se trata de fijaciones.

Las preocupaciones nos afectan; pero, si las exteriorizamos cada vez que nos vienen a la cabeza, corremos el riesgo de que se nos mire con recelo.

Por otra parte, ¿en qué podemos convertirnos si imaginamos continuamente las cosas negativas que podrían sucedernos? Nuestra ansiedad no es de ayuda para los demás.

Con todo, las personas ansiosas están convencidas de que alimentar la preocupación por alguien o por algo equivale a ocuparse de los demás: es decir, consideran que sus preocupaciones son una forma de cuidado y atención que dirigen a los demás, y caen en el gran error de interpretar su ansiedad como una forma de desvelarse por alguien.

En realidad, estas personas no hacen más que jugar con sus propias preocupaciones.

Las personas con mucha ansiedad y preocupaciones, además, no se fían de los demás porque han decidido *a priori* que los otros no actuarán bien y se imaginan que sólo pueden suceder cosas malas.

Las personas que ponen su confianza en el prójimo, en cambio, son las que esperan tranquilamente a que las cosas sucedan.

A los ansiosos les encanta la negatividad y se alimentan de ella. Sus ansias y fijaciones están habitadas, en gran parte, por pensamientos aciagos e inquietantes. Además, si por casualidad estas suposiciones se concretan por algún motivo, entonces disfrutan pensando: «¡Justo como me temía!», y así se convencen de que tienen razón. Es mejor mantenerse alejado de quien suele exteriorizar sus preocupaciones.

-20-
No os preguntéis si tenéis talento

Es fácil reconocer dónde hay talento. Si uno es consciente de tener un talento, entonces ese talento existe.

Pero no siempre quienes afirman tener un talento están realmente dotados de él. De hecho, tras la obstinada insistencia de quien enarbola su talento, a menudo se esconde la inseguridad de quien pone en duda su existencia real y, para convencerse, busca confirmaciones.

La persona que tiene talento no duda de sí misma: se sorprende de su propio talento, pero no pide que se le reconozca porque piensa que los demás difícilmente serán capaces de hacerlo.

La persona con talento se dedica a hacer mil cosas, porque va allí donde su talento lo requiere. Las personas talentosas también son entusiastas y se empeñan a fondo, con una capacidad de concentración extraordinaria. Por eso se dice que quienes tienen talento son excéntricos.

Si hay talento, los demás se dan cuenta. Hay casos en que el talento es comprendido, otros en que se percibe que una persona se dedica en cuerpo y alma a un proyecto y se la respeta por ello. En resumen, en ambos casos siempre hay alguien que se da cuenta.

Sin embargo, las personas que tienen talento, si se desvían de su camino por culpa del dinero, probablemente pierdan su talento. Pero, si intentan hacer su trabajo lo mejor posible, afinan también sus competencias técnicas. El talento siempre premia el esfuerzo.

Quien está dotado de él posee la tranquilidad que le permite afrontar los imprevistos. Quien se siente un poco inseguro de su propio talento no posee ni una pequeña parte de él.

-21-
No os quejéis por todo

A nadie le gustan las personas que se quejan continuamente. Además, siempre habrá alguien que no esté de acuerdo con las críticas que hagamos.

Quejarse es estúpido e insustancial porque no conduce a nada. Después de haber criticado a alguien o de habernos quejado de algo, difícilmente conseguiremos resolver la situación.

Cuando nos quejamos de algo, estamos muy lejos de manifestar nuestro pensamiento. Quejarse es como expresar un juicio unilateral. Criticar a alguien o algo es como colgar una etiqueta, expresar una condena.

Después de etiquetar a alguien o algo, difícilmente volveremos sobre nuestros pasos, y así nuestro pensamiento se quedará como congelado y nunca sabremos ver a esa persona o esa situación de otra manera. De este modo, nuestro cerebro entrará en una especie de hibernación forzada que nos impedirá afrontar las situaciones desde una nueva perspectiva. Una vez que hemos etiquetado una situación o a una persona, todo lo que tiene que ver con esa persona o esa situación se resiente de los efectos de esa etiqueta; por tanto, nuestro pensamiento acaba volviéndose parcial e ineficaz.

No por casualidad quien se queja siempre lo hace de las mismas cosas, porque se ha vuelto incapaz de hacer funcionar su pensamiento y reflexionar de otra manera. Es una especie de declive del pensamiento. Y es el camino más seguro hacia la soledad.

-22-
Intentad observaros desde otro punto de vista

Conviene saber adoptar una mirada que vaya más allá de nosotros mismos. Os aconsejo que intentéis miraros de la manera en que lo haría una persona que estuviera a vuestro lado, cuando estáis trabajando, cuando pensáis, cuando estáis indecisos o cuando sufrís.

Si nos inclinamos por esa mirada, conseguiremos no perder la perspectiva en ninguna circunstancia.

Así no actuaremos dejándonos llevar por las emociones y no caeremos en comportamientos estúpidos. Incluso seremos capaces de perdonar.

Tener un ojo trascendente significa, en otras palabras, activar el ojo de la razón.

La razón es inherente a cada uno de nosotros, pero probablemente no pertenece a nuestra individualidad. Desde un planteamiento razonable, lo que es positivo para muchas personas es lo correcto.

Por esta razón, cuando hacemos algo erróneo, sentimos inmediatamente un dolor en el pecho que nos hemos acostumbrado a llamar «angustia»: es un dolor agudo, como el de una espada afilada, que parte de la razón para clavarse en el corazón.

-23-
Pensad con el corazón

La riqueza no radica en poseer bienes en abundancia, sino en actuar con el objetivo de poder compartir con los demás el resultado de nuestras acciones, para que todos estén satisfechos de ello.

Tengo un melocotón: ¿cómo podría repartirlo entre tres personas?

Ésta es una de las cuestiones que los maestros budistas plantean a los novicios durante su instrucción.

La mayor parte de los monjes no es capaz de responder en seguida. En el melocotón, el dulzor de la pulpa no se distribuye de igual modo. Así que no se pueden dividir las partes más buenas de la fruta de manera uniforme, como sucede cuando, por ejemplo, se divide una pera. Aun dividiendo el melocotón en tres partes perfectas, habrá una más dulce o dos menos dulces, o dos dulces y una no.

¿Cuál es, entonces, la respuesta a la pregunta? Es muy simple: hay que dividir el melocotón como sea y repartirlo entre todos.

En otras palabras, no es importante dividir la fruta en partes iguales, sino que todos estén satisfechos de lo que tienen.

Tened en cuenta, además, que la calidad de una fruta no siempre se corresponde únicamente con el dulzor de la pulpa. También hay personas, por ejemplo, a las que les gusta la parte áspera del hueso, porque consideran que tiene un sabor más refinado, que permite percibir el carácter estacional de la fruta. Quien cree que puede hacer la división de manera matemática según la cantidad o la calidad tiene una visión restrictiva.

En otros contextos, si no se piensa con el corazón, tampoco se podrá actuar con equidad ni contentar a todos.

-24-
Miraos desde arriba

¿Qué es la miopía? Es un defecto de la vista a causa del cual sólo se puede enfocar y observar lo que está justo delante de los ojos, perdiendo la visión de todo lo demás. Más en general, se dice que una persona es miope cuando observa las situaciones desde un punto de vista limitado y, en consecuencia, tiene una capacidad de juicio reducida. Una mirada de este tipo es necesaria para afrontar el día a día.

Sin embargo, también hace falta otro tipo de mirada: la que percibe las cosas en su totalidad. Es la mirada que comprende de qué manera estamos metidos en el presente, cuál es nuestra posición, nuestra visión y nuestro papel dentro del conjunto. Si no existiera esa mirada, no seríamos capaces, por ejemplo, de apasionarnos por el trabajo que hacemos ni de divertirnos en nuestra vida, y tampoco tendríamos la posibilidad de mejorar.

Y luego existe otra mirada más, que parte de arriba y trasciende el tiempo y el espacio. Es como si subiéramos a un rascacielos y observásemos la Tierra y todos los seres vivos que la habitan, incluidos nosotros mismos, desde arriba, desde una perspectiva privilegiada.

De esta visión se desprenden emociones profundas: tal vez nos parezca que somos un granito de arena en el universo; podríamos descubrir así que el problema que no conseguimos resolver es algo minúsculo. Entonces, quizá experimentemos una sensación de plenitud.

Es inevitable que en nuestro ánimo se produzca, pues, un cambio que nos lleve a pensar en nosotros mismos como en seres vivos entre los demás, y esto será la vuelta de llave que nos convierta en personas completamente nuevas.

-25-
No busquéis recompensas ni beneficios materiales

Es fácil que la vida se vuelva aburrida si las recompensas y los beneficios materiales son nuestro único objetivo.

Para obtener tales beneficios y recompensas se trabaja, se entra a formar parte de una empresa y se estrechan relaciones con la expectativa de un beneficio material. Efectivamente, son muchas las personas que se comportan así. Todas las situaciones en que se encuentren y las personas a las que conozcan sólo serán medios e instrumentos útiles para alcanzar el objetivo final, es decir, el beneficio. Lo que hagan durante el camino sólo tendrá sentido en cuanto se trata de acciones dirigidas a la obtención de un beneficio. Para estas personas sólo los resultados materiales y las recompensas a las que aspiran tienen un significado real.

Pueden distinguirse con claridad quiénes son los individuos que abordan el trabajo y la vida con finalidades materiales sólo con mirarlos a la cara.

También existe otro problema. Muchos jóvenes se plantean como objetivo satisfacer las expectativas de quienes los rodean, en concreto las de los adultos que tienen al lado, y se esfuerzan en parecer «buenos chicos». Pero la mayor parte de los jóvenes recibe reproches porque no satisface tales expectativas. Dado que chicos y chicas no están contentos, ni entienden por qué los adultos se sienten satisfechos con lo que hacen sólo cuando logran algún resultado, para comunicarnos con ellos deberemos intentar buscar otros argumentos para nuestro modo de actuar. A veces también puede suceder que chicos y chicas ya estén hartos de este engaño y escapen: no se trata de una rebelión, sino que es como escapar del infierno. Vivir en función de una recompensa en dinero o en bienes materiales nos hace perder de vista el significado y la belleza de lo cotidiano y nos hace olvidar las cosas importantes. Quien vive de este modo, cuanto más se acerca la muerte, más consciente es de que la vida carece de sentido e intenta engañar al miedo satisfaciendo deseos materiales. Estas personas acaban envejeciendo a base de drogas, placeres, *hobbies*, deportes, viajes, y ahogan así su alma en la precariedad y la inestabilidad.

La puerta del infierno no es algo imaginario: se abre frente a quien vive otorgando valor sólo a las recompensas y a los bienes materiales.

-26-
Valorad lo que afecte a vuestro corazón

No hay nada más inútil que otorgar valor a lo que no tiene nada que ver con el alma humana.

Los bienes materiales y el dinero no tienen valor real: es cierto que sirven, pero en sí mismos no tienen ningún valor.

Pero, entonces, ¿qué es lo que tiene valor? Simplemente, lo que está en contacto con la mente y con el espíritu. Por ejemplo, una obra de arte no tiene valor en sí misma, pero su expresión, sí, si consigue llegar a nuestro corazón; es en ese instante cuando adquiere significado.

También las palabras que utilizamos cada día tienen el valor que nosotros les atribuimos. La elección de ciertas expresiones y la manera de comunicarnos revelan la mente y el espíritu de quien habla. Y esto no sucede sólo con las palabras; también nuestra manera de vivir día a día refleja nuestra alma.

Mente y espíritu no pueden mantenerse escondidos para siempre. Es normal que se manifiesten en nuestro rostro, en nuestro aspecto, en nuestra manera de caminar: los encontramos en nuestras palabras y en nuestras acciones. De este modo, el ser humano descubre algo precioso en sus semejantes. Los bienes materiales y el dinero son simples instrumentos.

Los distintos modos de vivir de cada uno de nosotros son, en cambio, la manifestación real del valor de la existencia humana en todos sus matices y facetas.

-27-
Aceptad positivamente las dudas y los momentos de estancamiento

Cuando nos sentimos desorientados y dudamos, significa que algo no nos llena.

A veces nos falta información, conocimiento, experiencia; otras veces lo que falla es la voluntad, el valor, el deseo, la fortaleza, la preparación, los requisitos necesarios, la determinación, y así sucesivamente.

A menudo, los jóvenes se sienten confusos y no logran entender la motivación de las personas mayores que ellos, que siguen trabajando incansablemente y parecen no tener momentos de titubeo.

Lo importante es no avergonzarnos de nuestras dudas. Cuando vacilamos, de hecho, si intentamos buscar una solución, nos damos cuenta de lo que no nos llena y empezamos a afrontar alguna de esas dudas.

No debemos dudar de nuestras propias dudas y titubeos, en otro caso nos encontraremos en una situación de estancamiento: así, la ansiedad aumentará, perderemos confianza en nosotros mismos y entraremos en un círculo vicioso de pensamientos.

Si esto sucede, ¿qué debemos hacer? Es necesario esclarecerlo. Es decir, tanto en una actividad deportiva como en una intelectual, o en el trabajo, antes o después es natural encontrar alguna dificultad. Es importante, pues, acoger con entusiasmo las dudas y los momentos de estancamiento como una prueba que demuestra que el objetivo alcanzar está cerca.

Sea lo que sea que hagamos cuando aparezcan las dudas y nos sintamos confusos, será precisamente la superación de esa condición de desorientación lo que nos haga disfrutar del placer de sentirnos realizados.

Cuanto más profundas sean las dudas y la situación de estancamiento, mayor será la alegría de haberlas superado. Por este motivo debemos acoger positivamente las dudas y los momentos de estancamiento. En nuestro camino ha aparecido un obstáculo precisamente porque en nosotros está la fortaleza para superarlo y para mejorarnos.

-28-
Confiad en la mano de la casualidad

Si nos ponemos a mirar hacia nuestro pasado, en seguida deberíamos darnos cuenta de que, a lo largo de nuestra vida, se han producido distintos acontecimientos cruciales de manera completamente casual y de que nosotros, hoy, somos fruto de esas casualidades.

Notaremos, además, que lo que parecían casualidades han tejido la trama de nuestra historia y, consideradas en su totalidad, se han transformado en algo ineludible.

Es una sensación extraña que no puede explicarse. El hecho es que hay tantos acontecimientos extraordinarios como personas habitan en el globo.

Todos nosotros, cuando conseguimos lo que habíamos deseado, vemos cómo se apaga el interés si la pasión que nos empujó en un primer momento no era sincera. Cuando, a continuación, nos damos cuenta de ello, vemos que cada cosa está perfectamente entrelazada con la otra, formando un todo.

Si somos conscientes de ello, esa vana inquietud que no sabe explicarse la casualidad desaparecerá y conseguiremos adquirir optimismo con naturalidad. Fijaos de ahora en adelante. Una vez que hemos obtenido lo que deseábamos, de la manera que sea, si era algo que no apreciábamos realmente, acabamos perdiéndolo.

Si sólo nos fijamos en un breve periodo, nuestra vida nos parecerá completamente absurda. Pero eso que consideramos absurdo, visto en la perspectiva de toda una vida, se revelará necesario. En este escenario, las casualidades con las que solemos toparnos, incluso aquellas que en un primer momento nos parecen dictadas por la mala suerte, acaban revelándose como acciones extraordinariamente beneficiosas para nosotros. Por eso, cuando no sabemos hacia dónde ir, cuando no logramos valorar la situación y nos parece que no hay una vía de escape, una manera de manejarlo es esperar el curso de los acontecimientos sin hacer nada. Se trata de aguardar a que suceda algo casual que, desde fuera, desbloquee la situación.

Otro método consiste en confiarse a una larga y continua reflexión. Eso no significa dejarse llevar por preocupaciones inútiles, sino reflexionar y otorgar a las cosas su justa medida. Reflexionar nunca es una pérdida de tiempo. Si reflexionamos, de hecho, también podremos entrever la mano que mueve los hilos de una nueva casualidad. Puede que en ese momento no os deis cuenta, pero después, por fin, se os desvelará el significado de esos acontecimientos y conseguiréis verlos como lo que son: la mano de una casualidad extraordinaria.

-29-
Buscad la sabiduría en las obras clásicas

En las librerías japonesas es difícil encontrar obras clásicas. Porque no se venden. No son rentables para las librerías, ya que el público es muy escaso. Pero ¿por qué? Quizá algunas personas piensan que los contenidos antiguos no pueden adaptarse a la actualidad.

Pero ¿de verdad es así? Leyamos, por ejemplo, las palabras que Blaise Pascal escribió en su obra *Pensamientos*: «La conciencia de la falsedad de los placeres presentes y la ignorancia de los placeres ausentes causan la inconstancia».

¿Acaso las palabras de Pascal no reflejan perfectamente el punto esencial que constituye la base de la frivolidad, de la volubilidad, de la inconstancia y de la variabilidad del alma del hombre de nuestra época?

Analizando el pensamiento de Pascal, pues, podremos reflexionar sobre el hecho de que tanto los hombres de tiempos pasados como los de las megalópolis contemporáneas constituyen la misma humanidad.

Y el pensamiento de Plinio también nos invita a una profunda reflexión: «Las personas dominadas por su imaginación ¿son acaso infelices?».

Cuando comprendamos este pensamiento, se producirá un gran cambio en nuestra manera de vivir y de interpretar lo que sucede a nuestro alrededor.

La sabiduría es, precisamente, esta perspicacia. Las obras clásicas custodian esta sabiduría: sería una verdadera lástima no querer conocer esos pensamientos.

-30-
No os baséis en conocimientos fragmentarios

En la Biblia se lee: «Exhorto a todos a llegar a ser como Dios».

Algunos han interpretado esta frase como si, en el cristianismo, el último fin de la humanidad fuera convertirse en Dios, en analogía con el budismo, en el cual el objetivo del hombre es convertirse en un buda.

No hay duda de que ésas son las palabras. Pero su significado no es literal: el objetivo de las personas no es convertirse en Dios. Lo que esas palabras quieren enseñar es más bien: «Todos vosotros, como Dios, podéis convertiros en seres llenos de amor». Ello es porque a Dios también se le llama «amor».

He citado este ejemplo para mostrar que las interpretaciones arbitrarias, basadas en un conocimiento fragmentario y no contextualizado de la materia, dan lugar a grandes equívocos.

Me pregunto si quien ha leído ese tipo de interpretaciones aproximadas, sin conocer la Biblia, ha podido discernir el verdadero mensaje. Si no nos damos cuenta de los errores de interpretación, quedamos encerrados de manera indefinida en creencias absolutamente desencaminadas.

Esta consideración puede aplicarse también a otros campos. Si una persona titulada afirma algo a la ligera basándose en un conocimiento incompleto del tema, se derivarán grandes equívocos y se afirmará una idea preconcebida que no se ajusta a la realidad; todo ello acabará llevando a muchas personas por un camino totalmente equivocado. Las consecuencias a gran escala llevarán a discriminaciones, boicots, barreras sociales y guerras.

-31-
No creáis a pies juntillas eso que llaman verdad

Existe un modo efectivo de comprobar si lo que se define como verdad lo es realmente.

Es decir, existe un método correcto para encontrar la verdad, válido en cualquier época, en cualquier lugar, para los niños y para las personas mayores, y también para los que están enfermos.

En la actualidad, el único método para conocer la verdad válido al cien por cien en todas las circunstancias antes indicadas es el amor.

Capítulo 3

UNA MENTE
QUE APRECIA LA VIDA

-32-
Cambiad la forma de vuestra mente

Hacer volar una hoja de papel cogiéndola tal como está parece imposible. Pero si doblamos la hoja y le damos forma de avión, podremos hacerla planear por el aire, sobre los tejados.

No hay nada de qué extrañarse: la nueva forma del objeto hace posible lo que antes no lo era, y es fácil que algo que en un primer momento resultaba imposible se convierta en posible gracias al cambio.

Pensándolo bien, esto se puede aplicar a muchos objetos. Si es así, ¿cómo pueden cambiar las personas?

Las personas no cambian de forma desde un punto de vista físico, pero pueden variar sus intenciones, la actitud, las palabras y las acciones. Nuestras intenciones y la manera de aproximarnos a lo que nos rodea modifican el ambiente a nuestro alrededor. Las consecuencias de tal cambio se propagarán y pronto resultará posible cambiar el mundo.

Naturalmente, se puede cambiar tanto a mejor como a peor. Y no es necesario conocer la física cuántica para entenderlo, porque lo podemos comprobar simplemente viendo volar una hoja de papel.

-33-
De vosotros depende escoger con qué colores pintar vuestra vida

¿Qué es la enfermedad? ¿Cuál es su significado? Para responder esta pregunta, existen varias escuelas de pensamiento:

- Enfermar es pura mala suerte.
- Enfermar significa acercarse más a la muerte; es el declive de la fuerza vital.
- La enfermedad es una maldición que nos lleva a preguntarnos si, por casualidad, hemos cometido alguna mala acción para merecérnosla, si hemos herido a alguien, si hemos descuidado a los antepasados.
- La enfermedad tiene orígenes físicos. En consecuencia, no tiene nada que ver con la personalidad de quien enferma.
- Enfermar también significa descansar un poco: la enfermedad es una señal que nos avisa de que necesitamos descanso. Cuando nos cuidamos, interrumpimos nuestra rutina llena de compromisos y de apremios; es una oportunidad para reflexionar sobre nosotros mismos, una oportunidad para aprender el valor de la vida y de la salud.
- Como indican los caracteres de los que se compone el término japonés, la enfermedad es el enfermar de

la energía vital. En consecuencia, la enfermedad podrá curarse o empeorar si tenemos o no la voluntad de emplear nuestra energía.

- La enfermedad es una oportunidad para encontrar y experimentar muchísimo amor. Los médicos, el personal de enfermería, quienes visitan al enfermo, los demás pacientes que sufren la misma enfermedad, hermanos y hermanas, amigos: son muchas las personas que entregan su amor al enfermo. La enfermedad hace aflorar la humanidad de las personas. Incluso la gente a quien no le gusta manifestar sus sentimientos tiene la oportunidad de dar amor. La enfermedad es sufrimiento, es cierto, pero también puede ser un momento de amor.

Esta última visión de la enfermedad es fácilmente asociable al pensamiento católico; pero, en cualquier caso, muchas personas se aproximan a la enfermedad con una de estas actitudes. En resumen, según cómo miremos las cosas, la enfermedad puede convertirse en un giro sombrío de la existencia o en una luz de esperanza.

Este modo de interpretar la enfermedad también sirve para otros aspectos de la existencia. La vida es un cuadro: depende de nosotros escoger con qué colores pintarlo.

-34-
Aprovechad las enseñanzas que entrañan las dificultades

Independientemente de la actitud con que afrontemos la vida —de manera despreocupada, seria, descuidada o atenta—, las dificultades surgen ante cualquiera. Puede tratarse de problemas de dinero u otros cuya solución nos parece posible sólo en caso de que un milagro pueda cambiar completamente el pasado. Cada uno de nosotros tiene sus propios problemas, que son poco visibles si se observa desde fuera.

En todo caso, si vivimos la dificultad que se nos presenta como una molestia, afrontarla nos provocará sufrimiento. Es humano querer huir del sufrimiento. Pero afrontar la situación para resolver una dificultad podría ser más sencillo que huir. Y cada uno de nosotros lo comprende en primera persona cuando intenta hacerlo por primera vez.

Todavía es más absurdo minimizar el problema. O convencerse de que la culpa es de los demás. Obsesionarse con problemas que trascienden nuestras posibilidades es, también, una enorme pérdida de tiempo.

Además de las dificultades que aparecen al afrontar un problema concreto, podemos sentirnos desalentados al notar cómo esto conlleva un derroche de tiempo y de energía. Pero, a pesar de que requiere tiempo y esfuerzo, hay, sin embargo, un modo de afrontar los problemas desde un nuevo punto de vista: sacando una enseñanza de las dificultades.

Es posible que un determinado problema nos enseñe a cambiar nuestro corazón y nuestra mente, nos enseñe perseverancia, a amar más y a hacer que nuestro espíritu sea más fuerte.

Si conseguimos aprovechar tales enseñanzas de las dificultades que se nos ponen delante, esos mismos problemas cambiarán de significado y se convertirán en algo valioso. Aprenderemos que son necesarios en nuestra vida y no intentaremos evitarlos como si fueran molestias exentas de significado.

Las enseñanzas más importantes a menudo se aprenden sólo con la experiencia directa, simplemente porque no es posible comprender su significado cuando son los demás quienes nos las cuentan.

-35-
Haced que vuestro trabajo sea divertido

Si el dinero es el único objetivo de nuestro trabajo, huelga decir que el estrés y la sensación de vacío y fatiga aumentarán a niveles exponenciales. Además, si consideramos que un trabajo no es divertido, será difícil llevarlo a cabo. No son pocas las personas que cambian a menudo de trabajo porque van en busca de aquello por lo que están interesadas.

Evidentemente, buscar el trabajo ideal es una actividad curiosa: es como buscar en una tienda el vestido que encaje con nuestro gusto y nos quede mejor. Pero el trabajo no es una cosa, un objeto tangible; por tanto, no existe el trabajo perfecto, preparado en un lugar oculto esperando a que nosotros lo encontremos.

En cualquier sector en el que estemos empleados, nuestro trabajo adquirirá, por primera vez, un carácter único y peculiar cuando nos dejemos implicar y nos comprometamos a llevarlo a cabo. Sólo entonces podremos definirlo como «nuestro».

De un mismo trabajo se puede decir que hay personas a las que les gusta hacerlo y otras que lo consideran sólo un medio para sobrevivir. Pero, si aplicamos honestidad, participación, atención y entusiasmo, el trabajo se vuelve gratificante y nos ofrece una razón para vivir.

Sólo quien participa activamente y se emplea a fondo en su trabajo puede divertirse y amar lo que hace. Es imposible que aprendamos un trabajo limitándonos a leer algunas nociones como si se tratara de un catálogo de artículos en venta. Ésta es la limitación de un trabajo obtenido mediante recomendación.

Antes que buscar un trabajo gratificante es necesario, pues, adoptar cierta actitud y hacer esfuerzos para que nuestro trabajo sea significativo.

Si lo hacemos así, al final, ese trabajo acabará siendo realmente nuestro y nos resultará estimulante y divertido. Y si, a la vez que nos divertimos, también ganamos dinero, está claro que el trabajo se convertirá en un placer de manera natural.

-36-
Realizad con esmero las tareas cotidianas

Muchos de nosotros pensamos: «Tengo un montón de cosas que hacer y no tengo tiempo», «Si no tuviera todas estas cosas que hacer, podría adelantar trabajo».

Pero ¿de verdad creéis que son las tareas cotidianas las que os quitan tiempo? Si no existieran, ¿adelantaríais trabajo?

Por ejemplo, hacer la colada puede verse como una obligación, ¿no es así? Claro, lavar y planchar la ropa es indispensable, ya que no os podéis poner ropa sucia para salir; sería muy desagradable, ¿no creéis? Si vestís prendas que huelen mal, además, ¡vuestra eficiencia en el trabajo se resentiría!

Observemos la situación con ojo crítico. Las obligaciones cotidianas no son inútiles. Incluso la tarea más pequeña es importante en la economía de la vida cotidiana, porque se trata de algo que nos hace vivir bien.

Si nos ocupamos de las obligaciones cotidianas con poco esmero, entonces sí se vuelven desagradables. Pero, si ponemos esfuerzo y atención al llevarlas a cabo, incluso en las tareas más pequeñas, ganaremos en bienestar y en estabilidad mental y emocional. Nuestra mente se volverá, en ciertos aspectos, más limpia. Y este cambio nos podrá influir a la hora de afrontar positivamente otras situaciones.

Al ocuparnos de las tareas cotidianas, además, empleamos nuestro cerebro plenamente. No empleamos sólo las manos, sino también nuestra capacidad de evaluar, escoger y encontrar soluciones. De este modo, nuestro cerebro, si está sano y lo suficientemente despierto, adquiere nueva fuerza y desarrolla mayores capacidades de pensamiento.

-37-
Poned energía en vuestro trabajo

Un buen coche es el que responde sin dilación a las órdenes. Encontrar algo que obedezca rápidamente a nuestras órdenes proporciona una sensación agradable. Conducir, por ejemplo, es un placer más bien fácil de obtener: por eso a los jóvenes les gusta mucho conducir.

Pero hay otras actividades que no son tan sencillas como conducir un coche; por ejemplo, las artes marciales, el billar y todas aquellas actividades en que, además de la fuerza física, entra en juego la técnica que une la inteligencia y lo físico. De hecho, no está claro que la bola vaya a la tronera siguiendo nuestros cálculos o que la espada se mueva exactamente como teníamos *in mente*, y eso es porque el buen resultado de la acción depende un conjunto de ejercicios físicos y mentales. Para obtener un resultado son necesarias competencia, perseverancia y mucha práctica. Cuando se alcanza este nivel, se experimenta la verdadera diversión.

Ésta es la satisfacción que sentimos cuando tomamos parte en una empresa y conseguimos expresarnos a nosotros mismos actuando y sirviéndonos de instrumentos que tenemos a nuestra disposición. Los artistas se quedan fascinados por esta dimensión inagotable y buscan continuamente modos de expresión.

Obviamente, quienes no son artistas también pueden sentir esta satisfacción; de hecho, todos nosotros la experimentamos cuando somos niños. Empujados por este tipo de deseos, probamos un poco de todo e intentamos trasladar lo que nos gusta a una ocupación.

Para ser felices, sin embargo, no es necesario que tengamos una ocupación determinada. Es importante que en cada ocupación, incluso en la que para nosotros es habitual, nos comprometamos y nos dejemos involucrar hasta que la obligación se convierta en un placer. Por supuesto, no debemos pensar que sea fácil o inmediato, ya que a veces pasa tiempo antes de que consigamos sentir algo similar por la actividad que desempeñamos: es importante, sin embargo, empezar a tomar conciencia del poder que encierra nuestra fuerza de voluntad.

-38-
Sed amables

Raymond Chandler, famoso autor de novelas policiacas, escribió: «Si no fuera amable, no merecería vivir».

Las personas inteligentes son amables por naturaleza, ya que el estímulo de las lecturas que forjan los cimientos de la inteligencia y la disponibilidad a escuchar las historias de otras personas no pueden surgir de un carácter que se contradiga con la amabilidad. Lo que voy a decir no sirve para los libros que han sido concebidos como un simple pasatiempo. Los libros que han sido escritos para expresar una opinión bien definida o un pensamiento concreto, en cambio, son como las personas de carácter fuerte. Leer esos libros se parece un poco a relacionarse con alguien que tiene ese tipo de carácter. No es fácil congeniar, pero ante todo es fundamental recibir el mensaje para llegar a comprenderlo. Esto no es posible si nos falta amabilidad y tolerancia.

Por eso me dan miedo las personas que no leen libros, porque dudo que puedan comprender a los demás. Tales personas sólo comprenden su propio beneficio y razonan exclusivamente en términos de pérdidas y ganancias económicas.

Si dejáramos totalmente a un lado nuestra escala de valores personal y nos acercáramos a lecturas heterogéneas, que expresen puntos de vista distintos a los nuestros, conseguiríamos adquirir un poco más de amabilidad. Estoy convencido de que con cuantas más lecturas podamos enriquecernos, mucho más conseguiremos mejorar nuestra naturaleza humana.

-39-
Aceptad los grandes misterios por lo que son

Los ateos afirman que, si existiera un dios, habría pruebas de ello.

En buena lógica, sin embargo, también es verdad que el hecho de que no tengamos pruebas tangibles de su existencia no significa que no exista un dios.

Así pues, si la existencia de la divinidad pudiera probarse de alguna manera, ¿estaríamos entonces dispuestos a afirmar que ese dios existe realmente?

Si existen los dioses, por fuerza deben de ser algo más grande que los seres humanos. Sobre este punto pienso que los ateos también están de acuerdo. Por lo tanto, si se comprobara la existencia de alguna forma de Dios con testimonios concretos, estas pruebas y la inteligencia humana serían todavía más importantes que la misma divinidad. Pero entonces, si así fuera, lo que ha sido declarado como Dios ya no podría considerarse tal. Por una parte está bien reflexionar sobre el hecho de que los dioses nacen en el corazón de los hombres, modelados por nuestros sentimientos para reaccionar ante el miedo a la muerte. En otras palabras, se trataría de una especie de invención. De ser así, también los ángeles y los demonios serían invenciones.

Los cristianos saben que algunas escuelas de pensamiento hablan de la existencia de Dios como pura invención. A pesar de ello, creen conscientemente en la existencia de Dios y hablan con él. Advierten su presencia más allá de su existencia.

¿Cómo es posible? Porque han leído la Biblia. Pero ¿cómo puede la Biblia, que al fin y al cabo es una simple sucesión de frases escritas, ejercer tal fuerza? Es un gran misterio. Es un misterio y al mismo tiempo una realidad cierta.

La existencia de Dios para los cristianos es un misterio y una realidad al mismo tiempo. Pero también nuestra existencia, la de los seres humanos, del mismo modo, es a la vez un misterio y una realidad.

-40-
Distanciaos de los deseos ilimitados

Muchos sufrimientos del hombre nacen de los deseos. ¿Qué deseos? Los que nos llevan a querer lo que los demás consideran deseable.

Pongamos un ejemplo: muchas personas desean objetos que están de moda. Desean que su vida transcurra con perfecta salud y rodeada de lujo. Muchas aseguran que la felicidad, además de todo ello, se corresponde también con tener un aspecto agradable y buena suerte.

Cuando se persigue lo que desean los demás, es fácil ser presa de ansiedad y tormento. Porque, aun cuando hayamos alcanzado aquello que anhelábamos, no nos sentiremos satisfechos, ya que, mientras tanto, los demás seguirán acumulando nuevos deseos sin parar, y nosotros con ellos.

Desear sólo aquello que quieren los demás genera dolor: ante todo porque así será imposible saber lo que realmente queremos nosotros y, además, porque, aunque obtengamos lo que los demás desean, no nos sentiremos satisfechos.

No existe nada que tenga valor en sí mismo: son las personas quienes atribuyen valor a los objetos y a las situaciones. No lo olvidéis nunca. Sois vosotros, no los demás, quienes escogéis en cada momento qué valor atribuir a lo que os rodea.

Si tomamos conciencia de ello, nuestra vida cambiará radicalmente y asumirá un significado más profundo.

-41-
No busquéis la felicidad,
sino la satisfacción

Se dice que todo el mundo busca la felicidad.

Lo que deberíamos buscar, sin embargo, no es la felicidad, sino la satisfacción.

Porque la felicidad es una pluma en el aire, mientras que la satisfacción es como una gran tortuga, fuerte y estable, que ningún viento puede arrastrar.

En japonés felicidad se dice *shiawase*; en inglés, *happiness*; en alemán, *Glück*. Cada uno de estos vocablos tiene la misma raíz de «casualidad».

En otras palabras, desde la Antigüedad se piensa que la felicidad se obtiene por casualidad. Así, podría parecer que si alguien, por casualidad, ganara una gran suma de dinero en la lotería, también sería una persona feliz.

Si vivimos esperando que la felicidad se presente por casualidad, a menudo nos sentiremos decepcionados. Si pensamos que la felicidad llega por casualidad, entonces no nos esforzaremos plenamente.

En cambio, sólo si nos esforzamos en todas nuestras acciones estaremos seguros de obtener resultados satisfactorios en el trabajo y en nuestra vida cotidiana. E inevitablemente los resultados satisfactorios llegarán como consecuencia de nuestras acciones.

En otras palabras, la felicidad se obtiene sólo por casualidad y no se sabe cuándo llegará, pero la satisfac-

ción, en cambio, se obtiene como consecuencia directa de nuestras acciones. Vivir, un día tras otro, una vida
llena de satisfacciones y carente de descontento: ¿no
podríamos considerar esto una felicidad real?

-42-
Haced lo que deseéis

Deberíamos aclararnos a nosotros mismos qué queremos hacer en la vida. Si no sabemos qué queremos hacer, la sensación de que no vamos a ninguna parte nos perseguirá como una sombra, hagamos lo que hagamos.

Hacer lo que se desea en la vida es el primer paso en el camino hacia la satisfacción.

Los perezosos, sin embargo, insistirán en que la situación y las personas de su alrededor les obstaculizan la realización de sus deseos. Pero se engañan a sí mismos. De este modo seguirán encontrando la realidad intolerable y pagarán el precio de la insatisfacción.

Capítulo 4

UNA MENTE LIBRE

-43-
Tomaos «momentos de reposo absoluto»

Es conveniente reservar momentos para no hacer nada, en que nuestro corazón, siempre en movimiento como el agua de un torrente, repose, tranquilo y plácido, como una superficie cristalina.

Se puede llegar a este estado mediante la meditación budista zen: veinte minutos por la mañana, en cuanto nos despertemos, antes de empezar nuestras actividades cotidianas, y treinta minutos por la noche.

Después de practicar la meditación, la jornada discurrirá tranquila y serena. Por la noche, esta práctica permite limpiar la mente del cansancio acumulado durante el día. La meditación nos ayuda, además, a conservar la paz del alma.

Es algo de lo que nos daremos cuenta nosotros mismos, inmediatamente.

Practicando la meditación podremos alcanzar, durante unos cinco minutos, más de una vez en el transcurso del día, un estado de reposo absoluto: así adquiriremos estabilidad y evitaremos las oscilaciones del corazón.

Intentad meditar aunque sólo sea durante una semana y notaréis que, comparado con antes, vuestro corazón está indudablemente más límpido y no será tan fácil que los acontecimientos externos lleguen a turbaros.

Seréis capaces de comprender lo que os ocurre con mayor claridad que antes.

Notaréis también que, además de tener una mente más brillante, vuestra perspicacia se afinará, será más aguda.

Sin embargo, la bebida y llevar una vida desordenada pueden ser grandes obstáculos para alcanzar estos resultados.

-44-
Regalad momentos de reposo a vuestro cerebro

¡Tenderly! ¡Misty! Recuerdo el fantástico océano de los días de mi infancia, cuando en mis sueños con los ojos abiertos se sucedían repetidamente paisajes y ciudades nostálgicas que cobraban vida en mi fantasía.

Cuando escucho estas dos piezas de jazz, por un instante mi mente encuentra la paz y se recarga. Y más tarde, después de escucharlas y haberme dejado impregnar por las emociones, sólo con recordarlo me siento en paz: en poco tiempo me noto regenerado y afronto la realidad con gran energía.

Dadle a un niño una caja de cartón: cuando los niños, para jugar, se meten dentro de la caja, se relajan del todo. Encuentran calma y paz.

No nos importa saber —como podría sugerir una interpretación moderna— si esto ocurre porque la caja recuerda la sensación de estar en el útero materno: lo que hay que sentir, en cambio, es que nuestro cerebro también necesita su caja donde reposar, encontrar calma y paz.

Es necesario buscar un lugar donde nuestra mente pueda descansar, aunque sólo sean diez minutos. No se trata de un lugar físico, lo que indicaría una verdadera huida de la realidad, sino más bien un refugio mental. Sin embargo, en la realidad también hay quien se refugia en un lugar aislado para dedicarse a su *hobby*.

Si le damos una caja a un niño, veremos que no permanecerá acurrucado en el interior demasiado tiempo. En menos de diez minutos, saldrá de la caja para iniciar un nuevo juego.

Nuestro cerebro está hecho de manera que, para regenerarse, precisa un periodo mucho más breve que el que necesita nuestro cuerpo.

Debemos saber muy bien si nuestra mente encuentra reposo cuando escuchamos cierto tipo de música, al recordar un acontecimiento o un episodio en particular, al estar en contacto con la naturaleza o al meditar, porque en esos instantes nos parecerá salir de nosotros mismos y fundirnos y fluir con la eternidad.

-45-
No os emborrachéis de emociones

Si intentamos reflexionar y juzgar bajo los efectos del alcohol, en la mayoría de los casos cometemos graves errores. Esto ocurre porque una mente ofuscada por el alcohol difícilmente piensa de manera correcta. Quien ha cometido errores en su vida mientras estaba borracho comprenderá lo que quiero decir.

Pero no sólo es la mente de quien se emborracha de alcohol la que no es capaz de pensar. **Cuando nos encontramos en una situación muy distinta de la habitual, normalmente cuando estamos en el apogeo de la alegría o completamente inmersos en la música, somos presa de sentimientos muy intensos y casi quedamos rendidos por ellos: nos encontramos, pues, en un estado en que no podemos pensar de manera correcta.**

Cuando tenemos sueño, estamos cansados, sentimos rabia y resentimiento, desaliento y decepción, cuando hemos comido demasiado y cuando tenemos hambre o estamos enfermos tampoco estamos en disposición de pensar de manera correcta.

Ahora tal vez penséis: «Ya. Pero, si me alejo de cualquier emoción, ¡me volveré frío como un robot! Naturalmente, en tanto que humanos, es difícil ser completamente racionales.

Nuestra parte racional, sin embargo, puede funcionar de manera que nuestra sensibilidad no interfiera demasiado en el pensamiento. Pero ¿cómo se puede hacer? Hay que mantener a distancia todo lo que pueda interferir en un pensamiento correcto. Esto significa, por ejemplo, alejarse de lo que pueda obstaculizar nuestro pensamiento. Y ello comporta también que no debemos confiar demasiado en nuestras emociones.

Por ejemplo, cuando estamos muy enfadados, deberíamos pensar: «Eh, alguien está enfadado», e intentar mirarnos objetivamente desde fuera, como si fuéramos otra persona que no tiene nada que ver con nosotros. Si nos entrenamos para aplicar conscientemente este método, alcanzaremos un punto en que se hará natural.

-46-
No malinterpretéis vuestros propios sentimientos

En el capítulo anterior os he hablado de cómo las emociones pueden superarnos. En el siglo v a. C., Siddhartha Gautama, el Buda histórico, enseñó un método para liberarse de las bajas pasiones que obstaculizan un pensamiento correcto.

No debemos perder el tiempo dejándonos vencer por emociones repentinas e incontroladas. Siddhartha Gautama enseñó a evitar este derroche con todo el esfuerzo posible y a vivir con determinación y control. Ésta es la esencia y la verdadera naturaleza del budismo. El auténtico budismo no es una religión: no es más que un método para llevar una vida serena y tranquila.

Es necesario superar las aprensiones y los sentimientos que no conducen a nada. Si no actuamos así, será imposible hacer una valoración adecuada.

Cuando no se hace una valoración correcta, aparecen los errores. Y un nuevo error genera un nuevo problema, que nos meterá en un nuevo apuro, que será fuente de nuevas preocupaciones y tormentos. El hombre que sufre difícilmente será capaz de hacer una valoración correcta. Y de nuevo tomará una decisión equivocada...

No debemos permitir que este círculo improductivo de estupidez forme parte de nosotros y de nuestra vida.

Capítulo 5

UNA MENTE CONSTRUCTIVA

-47-
Dudad de las obviedades

Las personas que llevan a cabo cosas nuevas pueden definirse con una simple palabra: «inventores».

Los demás, los que no descubren nunca nada, se preguntan por qué sólo esas personas pueden descubrir cosas nuevas. La respuesta es sencilla: dudan de lo que es obvio.

Muchos de nosotros estamos convencidos de que lo que constituye la sociedad en que vivimos, desde el saber hasta las instituciones, desde las costumbres hasta las tradiciones o la moral, es algo de lo que nunca hay que dudar. Pensamos que estos puntos de referencia son inmutables y que tienen sus raíces en la sociedad, a la que sirven de apoyo.

Pero algunas personas ponen en duda tales convicciones, indagan por su cuenta y descubren algo nuevo.

Muchos japoneses piensan que su familia es budista desde hace generaciones. Están convencidos de ello sin haber profundizado nunca realmente en el estudio del budismo. Algunos piensan incluso que el budismo es una religión nacida en Japón.

O se han creado una idea del budismo basándose exclusivamente en conocimientos fragmentarios e incompletos obtenidos hablando con los demás o a partir de los medios de comunicación. Por el contrario, el budismo nacido en la India se aleja mucho de la idea que se han hecho.

Es precisamente este concepto el que he querido reflejar en el título del párrafo. En japonés, por ejemplo, solemos equivocarnos cuando nos referimos al término *atarimae* («obvio»). El origen etimológico de la palabra hay que buscarlo en el término *tōzen* (formado por dos caracteres: *tō* [homófono de *atari*] y zen) que, sin embargo, significa «natural». Cuando se empezó a confundir la grafía de *zen* con otra, su homófona, surgió el malentendido: el segundo *zen*, de hecho, puede también leerse *mae*. Unido al originario *tō*, que puede también leerse *atari*, dio origen precisamente al término *atarimae*, en la actualidad ampliamente utilizado tanto en la acepción de «obvio», como en la de «natural», si bien los dos conceptos son, en realidad, muy diferentes entre sí.

Del mismo modo, en este mundo existen muchas cosas escondidas que esperan a ser descubiertas.

Y, en consecuencia, tales descubrimientos pueden ser aplicados en el campo científico, empresarial o para escribir un libro de contenido inédito.

-48-
Llevad vuestra mente al éxito

Generalmente nos referimos a la palabra «éxito» cuando hablamos de un avance en una carrera o al logro de un estatus social más elevado. Pero originariamente, en Japón, el término indicaba «el abandono de la sociedad».

Abandonar la sociedad significa apartarse de la visión convencional de los valores.

Muchas personas están a merced de los valores dominantes y se dejan modelar por ellos. Se preocupan de que su mentalidad y los valores en los que creen vayan de acuerdo con los que son comunes, con los de todos los demás. Se esfuerzan incluso en que sus ideas y opiniones personales coincidan con las ideas y opiniones generales. Los valores más ampliamente extendidos en una sociedad en parte son sin duda correctos, porque se basan en el sentido común. Pero, en gran medida, el sentido común también se ve ofuscado por ilusiones propias de los diversos periodos históricos que han arraigado en la mentalidad común y han llegado hasta nosotros. Si no extirpamos tales ilusiones, todos acabaremos pensando de idéntica manera. Por ejemplo, la idea de que el dinero y el poder son importantes implica que la pobreza es un mal, que los pensamientos son menos importantes que las acciones, que hay personas superiores a otras. Y, si seguimos así, quedaremos atrapados en la búsqueda de una belleza formal. Quien cree que después de la muerte desaparecerá piensa que la muerte es una tristeza absoluta; si luego esta persona acaba creyendo en algo, lo convertirá en religión.

Si seguimos pensando que este escenario es real, ya no conseguiremos descubrir nada nuevo. Esto ocurre porque, sea cual sea la situación en que nos encontremos, sólo logramos observarla desde un punto de vista convencional, de modo que no podemos ver los hechos tal y como son. Pero ¿no es quizá esto lo que se entiende cuando se habla de «socialización» y de «personas adultas»?

No podemos esperar que una idea original y personal nazca del pensar común. Si queremos que emerja nuestra personalidad, no debemos dejarnos enjaular en ideas convencionales y preconcebidas. Por tanto, debemos llevar nuestra mente al éxito.

-49-
Liberad la acción
y despertad la creatividad

Pienso que, en días despejados, sin una nube, podríamos tener ganas de subirnos en un avión. Allí arriba, a todos esos metros de altura, dominaríamos perfectamente la Tierra, nuestra mente se aclararía y se volvería límpida.

En los días de lluvia nos apetece tomarnos un café escuchando jazz o leyendo un libro. Y en los días en que el cielo está salpicado de nubes dispersas nos gustaría ir a ver el mar. Son los placeres de la vida.

Es hermoso, a veces, salir de la rutina diaria. Pero incluso la clásica copa con los colegas después del trabajo, si se convierte en una regla, a la larga cansa.

Aun siendo libres, de hecho, podemos quedar atrapados en nuestras costumbres. Otras veces, en cambio, nuestras acciones están limitadas por la búsqueda continua de la eficiencia.

Pero para llegar a destino no es necesario subir en el tren más rápido. También podemos tomar un tren de cercanías que haga muchas paradas y, mientras tanto, leer un libro o quizá dar un rodeo a propósito.

Cuando estamos de buen humor podemos dar un paseo canturreando y, en los días cálidos, tenemos la opción de salir calzados con unas *geta*, las tradicionales sandalias japonesas. Podemos decidir no ponernos calzoncillos o no afeitarnos, y podemos detenernos a echar una siesta en la orilla de algún río. También somos libres de ignorar lo que piensa la gente.

Podemos comer tumbados, como se hacía en la antigua Roma. Podemos piropear a las chicas que pasan por nuestro lado, como hacen los italianos. Tampoco debemos avergonzarnos si somos los únicos que bebemos vino tinto mientras todos los demás toman cerveza.

En resumen, es bueno disfrutar de la libertad de que disponemos. **Porque, liberando nuestro comportamiento, despertaremos nuestra libertad interior y, al hacerlo, romperemos la jaula de las costumbres y de las convenciones sociales que nos han oprimido hasta ahora. De este modo emergerán nuestra fuerza originaria y la creatividad hasta ahora reprimidas.**

-50-
Sacad provecho del tiempo que dedicáis a la creatividad

Escribir libros es mi trabajo. Por eso la gente cree que mi ocupación consiste en escribir mirando la pantalla del ordenador. Pero en realidad no es así. O mejor dicho, no es sólo eso. Si se compara con las fases de fabricación de un producto, el momento de la redacción de un texto corresponde al embalaje y al envío, que son las fases que siguen al proceso de producción propiamente dicho.

Para escribir un texto es necesario pasar por varias fases: lectura de otros textos, reflexión, comparación, descubrimiento y luego exploración de los hechos y examen del trabajo realizado. Hay que decir que los contenidos de un texto emergen ya en las fases de estudio y de investigación en las que se profundiza en el conocimiento de un tema, antes de la escritura en sí.

Este paradigma productivo no es aplicable sólo a los escritores. Las personas, a diferencia de las máquinas, se esfuerzan en hacer algo no sólo en el momento en que operativamente están dando vida a un producto. El cocinero, por ejemplo, no se limita a combinar ingredientes en la cocina para realizar platos apetitosos: su trabajo empieza ya cuando escoge en el mercado qué ingredientes comprar.

Por eso, cuando parece que está descansando, en realidad ya está produciendo, y cuando parece que está trabajando, en realidad probablemente ya se está relajando un poco. A diferencia de las máquinas, de hecho, el proceso productivo humano es, en buena parte, espiritual.

En este sentido, conceptos como el horario de trabajo y la retribución por hora no reflejan la realidad que afronta el trabajador. En consecuencia, no se puede juzgar desde fuera si ese trabajador es productivo o no.

Conozco a un estudiante que tiene un rendimiento escolar excelente. Cuando regresa a casa tarde, después de participar en las actividades del club deportivo del que forma parte, se sienta sin siquiera pasar por su mesa de estudio y se queda quieto, sin hacer nada. Al verlo, parece ausente.

Pero éste es su particular método de estudio. Quieto, inmóvil, evoca cada mínimo detalle de las clases a las que ha asistido durante el día, de la primera a la última. Reproduce el vídeo de la memoria. Ése es el tiempo que él dedica a repasar detalladamente todo lo que ha aprendido. De ese modo obtiene mejores resultados que los estudiantes que se pasan mucho tiempo inclinados sobre el escritorio.

En ciertos aspectos, este estudiante se parece a mí. Porque, cuando me paso mucho tiempo sentado en un bar, inmóvil delante de una taza de té frío, en realidad estoy pensando en cómo organizar la estructura de un texto y de cada frase. Sin estos momentos de preparación, no me sería posible escribir directamente en el teclado del ordenador de manera comprensible.

Por este motivo no podemos juzgar superficialmente las capacidades de una persona sólo en el momento en que la vemos trabajando físicamente. Además, tampoco podemos determinar claramente cuándo nosotros mismos nos encontramos justo en medio de una actividad mental creativa, ni siquiera de adultos. Esto sucede porque el cerebro humano está activamente ocupado en crear incluso durmiendo, a través de un método que sigue siendo un misterio.

Por lo tanto, no tiene sentido buscar desesperadamente un método que nos permita trabajar siempre con la máxima eficacia. Porque precisamente ahora, hace un momento, al igual que ayer y mañana, somos, fuimos y seremos perfectamente eficaces y estaremos preparados para producir grandes resultados, aunque no seamos plenamente conscientes de ello.

Hasta ese punto el ser humano es creativo.

-51-
Haced que vuestro tiempo sea rico y profundo

Se ha dicho que para hacer algo creativo se necesita disponer de tiempo. Hasta ahora, para encontrar el tiempo que necesitamos, nos levantamos temprano por la mañana y sacrificamos los momentos que tenemos destinados a otras actividades.

Pero el tiempo no es sólo lo que puede medirse con un reloj. Que tengamos mucho no significa que consigamos aprovecharlo de la mejor manera posible. El tiempo, de hecho, está relacionado con el espíritu. En otras palabras, el tiempo de que disponemos puede ser mucho y reportar grandes beneficios, pero también puede resultar exiguo y carecer de profundidad, y eso depende de nuestro estado de ánimo y de nuestra predisposición.

Un método para dilatar el tiempo y para hacerlo más rico y provechoso consiste en eliminar los ruidos. Apagad el televisor, evitad la costumbre de conectaros a internet por inercia, no dejéis a vuestro alrededor folletos y revistas, porque la letra impresa transmite significados que podrían transformase en fuertes ruidos.

En cualquier caso, el tiempo se volverá rico y provechoso si elimináis las emociones que os perturban el alma. Lo podréis notar claramente a través de vuestro cuerpo: os parecerá que ha transcurrido una hora cuando, en realidad, habrán pasado poco más de veinte minutos, lo que significa que podréis aprovechar más del triple del tiempo que de costumbre.

Otro modo de alargar el tiempo y hacerlo más rico y profundo es evitar leer el periódico por la mañana. En los periódicos se condensa el ruido del mundo. Evitad que ese ruido os enturbie la mente, y más por la mañana, cuando es límpida y transparente como el cristal. Son poquísimas las personas que necesitan conocer los sucesos del mundo por la mañana.

Si el alma se tranquiliza, el tiempo se enriquece. Si os enfadáis u os irritáis por una banalidad, acabaréis malgastando una jornada entera. De esta forma vuestra vida se acortará un día.

Para tranquilizar vuestra alma y para que vuestro tiempo sea más rico y profundo, no es necesario empezar a practicar la meditación *zazen* específicamente con este fin. Si cada uno de nosotros se aplica con decisión a lo que debe hacer para alcanzar el objetivo, el alma se tranquiliza y se vuelve creativa.

-52-
Ampliad vuestro saber para renovaros

Alguien que sepa leer música es capaz de escucharla siguiendo la partitura. Para quien no es capaz de leer música y se limita a escucharla, una partitura es sólo un dibujo complicado.

El mundo es como una partitura musical: adquiere significado según los conocimientos y el punto de vista de quien la observa. En otras palabras, cuanto más aprendamos, más lleno de significado se nos mostrará el mundo.

Al encontrar nuevos significados, es natural que también se generen nuevas ideas. Este modo de vivir nos regenera cada día.

El conocimiento, en el fondo, tiene como objetivo dar a las personas una nueva vida.

-53-
Superad vuestra estrechez de miras

Las personas poco receptivas pueden clasificarse fundamentalmente en dos categorías: las que restringen sus ideas a lo que han aprendido en el colegio y las que se limitan a las experiencias personales. Ambos tipos de personas son igualmente estrechas de miras, en el sentido de que quieren, a toda costa, encuadrarlo todo en el marco general de sus conocimientos y de su manera de pensar.

Nada de lo que aprendemos en el colegio —ninguna de las nociones que tienen sentido como pilar de la instrucción que nos proporciona una cultura general y las bases de la sensatez— es verdadero y objetivo, excepto en matemáticas, que es una ciencia exacta. Muchos de los conocimientos que adquirimos con la cultura son, sobre todo, hipótesis que en ese momento se consideran adecuadas y razonables.

La investigación académica es, pues, una actividad que saca a la luz conocimientos diversos con un grado cada vez mayor de adecuación. En otras palabras, con el estudio y la investigación es posible negar y superar los conocimientos consolidados. E incluso una vez encontrada una nueva respuesta, se trata tan solo de una hipótesis. Quien, en cambio, niega este aspecto y está convencido de que los conocimientos existentes son siempre completamente correctos es una persona estrecha de miras.

Son muchísimas las personas cuyo conocimiento del mundo se basa en la experiencia directa que han adquirido. Se trata de personas que piensan a partir de fórmulas preestablecidas: «Esto es de esta manera», «Aquello es de tal otra». Esta forma de pensar puede resultar útil mientras permanecemos dentro de las fronteras de nuestro pueblecito, pero no nos será de ninguna utilidad para movernos en una realidad más amplia. Las fronteras de nuestro mundo pueden corresponderse con las del barrio o de la zona en que vivimos o, también, con las de la empresa o del sector en que trabajamos.

Para superar, de la manera más rápida posible, estos dos tipos de estrechez de miras es necesario leer el mayor número posible de libros. En cada libro hay un mundo. La lectura es otra importante experiencia vital, que supera los límites espacio-temporales, extendiéndose desde el pasado hasta el presente, de este a oeste. Si no leemos, nuestras ideas no se amplían y crecemos sin cambiar.

Esto es sabido desde la Antigüedad, pero son pocas las personas que lo han puesto en práctica. Y sólo quien actúa así es capaz de cambiar el mundo y de renovarse continuamente. ¿No te gustaría convertirte en una persona así?

-54-
Participad en animados intercambios de opiniones

Los japoneses tienen una sensibilidad particular: piensan que es vergonzoso corregirse o cambiar de idea una vez que han expresado su pensamiento. Por este motivo, incluso cuando tienen una opinión propia, a menudo dudan y parecen imprecisos.

Esta manera de comportarse, sin embargo, resulta cobarde a la vez que astuta. No siempre podemos evitar expresar abiertamente nuestra opinión. De hecho, si durante una discusión no expresamos nuestro parecer, incluso podemos ser tildados de insolentes. Mostrarse indeciso es una actitud engañosa y, por lo tanto, poco constructiva. Incluso en una relación íntima, afectiva, si no nos expresamos, el otro sólo podrá tratar de adivinar con dificultad lo que pensamos. La filosofía nació en el Mediterráneo hace dos mil quinientos años. Personas de distintos países se encontraban para hacer negocios y, mientras estaban reunidas alrededor de una mesa, intercambiaban animadas opiniones sobre la diversidad de sus culturas en busca de la verdad. De esta manera de hablar abiertamente nació esa vasta búsqueda del saber que es la filosofía, que se ha convertido en la base de todos los estudios.

También en la actualidad ocurre lo mismo. **Los descubrimientos y las ideas innovadoras sólo surgen si se** comparan las diversas opiniones y se expresan con toda franqueza. Es necesario debatir mucho con los demás y no limitarse sólo a fútiles cháchara. Tomando prestada de la Antigüedad la idea de reunirnos, deberíamos sentarnos no en un encuentro formal, sino en una reunión informal, en la que sea posible discutir abiertamente de nuestras opiniones y cotejarlas con las de los demás, sin razonar en términos de pérdidas y beneficios.

Es normal que a los niños la escuela les parezca aburrida. Porque, mientras el maestro enseña un poco perezosamente la lección del día, los alumnos deben permanecer en silencio. Sin embargo, una duda que aflora a la mente o una reflexión por extraña que parezca puede resultar interesante precisamente porque se expresa y se habla de ella en ese preciso momento.

Sólo así nace el conocimiento. Conocer es divertido y, para el cerebro humano, es el mejor juego que existe. Por eso deberíamos sentir placer al expresar nuestras opiniones recíprocas, hablando sin ninguna vergüenza. Así es como nacen las nuevas ideas.

-55-
No huyáis de aquello cuyo significado no comprendéis

No comprender las cosas no significa que para nosotros sean irrelevantes. Muchas situaciones que no comprendemos son precisamente el núcleo de las cuestiones que debemos entender por nosotros mismos.

Unas veces aprendemos de nuestros propios errores; otras, de lo que nos enseñan las personas que tenemos a nuestro alrededor. Pero aprendemos gran parte de las cosas más importantes de la vida por experiencia propia.

Si huimos de lo que no comprendemos, un día, antes o después, volverá a presentarse el mismo problema, aunque sea de una forma distinta. Es necesario afrontar ese problema en el momento cronológico de nuestra vida en el que se presenta, con la edad, el conocimiento y la valentía con que contamos. Luego, a partir de esa experiencia, nacerá nuestro nuevo yo.

También hay personas que, con su trabajo, demuestran a los demás este concepto, elevándolo a un nivel superior y reiterándolo en el tiempo. Son los artistas. Pintores, músicos, escritores y así sucesivamente. Cuando encuentran algo que no entienden, los artistas lo afrontan y muestran en sus obras lo que han comprendido; la expresión artística lleva luego a otros interrogantes, a otros temas por explorar.

Cada día es como una infinita carrera de obstáculos. Vivir así provoca cansancio, pero también es agradable. Hace sufrir, pero vale la pena esforzarse. Por eso, incluso cuando están cansados, los artistas se recuperan rápidamente y vuelven a empezar en seguida.

Pero, si pensamos que afrontar algo que no comprendemos es un fastidio, acabaremos repitiendo situaciones y comportamientos que hemos puesto en práctica en el pasado. Así pensaremos y actuaremos siguiendo estereotipos y nos quedaremos atrapados en nuestras costumbres. En este tipo de comportamiento no hay rastro de valentía, de juventud ni tampoco de vigor.

El famoso pintor francés Maurice Utrillo, cuando se hizo rico, dejó de intentar comprender lo que no sabía. Por tanto, en sus últimos años, no hizo otra cosa que repetir sus trabajos anteriores. Eso ya no era arte.

Cuando nos topamos con algo que no comprendemos, sufrimos y nos quejamos. Sin embargo, es precisamente en esos momentos cuando se encienden la chispa del alma humana y la espléndida luz del arte. A quien se encuentra ante ese obstáculo le costará superarlo, pero, tratándose de un ser humano, también lo encontrará estimulante y maravilloso, ya que será una nueva oportunidad de renacer.

Lo que es realmente embarazoso no es equivocarse porque algo no se entiende, sino apartar la mirada y huir de lo que no se comprende.

Esta primera edición de *Para una mente libre* de Haruhiko Shiratori, se terminó de imprimir en Grafica Veneta S.p.A. di Trebaseleghe (PD) de Italia en abril de 2017. Para la composición del texto se ha utilizado la tipografía Omnes.

Este libro está impreso con el sol. La energía que ha hecho posible su impresión procede exclusivamente de paneles solares. Grafica Veneta es la primera imprenta en el mundo que no utiliza carbón.